Impressum
Verlag: BABADADA GmbH, Nedderfeld 112 , 22529 Hamburg
Geschäftsführer / Verlagsleitung: Harald Hof
Druck: Books on Demand GmbH, In de Tarpen 42, 22848 Norderstedt

Imprint
Publisher: BABADADA GmbH, Nedderfeld 112 , 22529 Hamburg, Germany
Managing Director / Publishing direction: Harald Hof
Print: Books on Demand GmbH, In de Tarpen 42, 22848 Norderstedt, Germany

kyemu
делити

186/2

twerɛ pono
плоча

sukuudanmu
учиона

sukuu mu
школско двориште

kyerɛkyerɛni
наставник

krataa
папир

pɛn
хемијска оловка

yɛ so adwuma
писати сто

twerɛ
писати

rula
лењир

nwoma
књига

sukuuni
ученик

baage

торба

twerɛdua konko

перница

twerɛdua

графитна оловка

deɛ yɛde sensen twerɛdua
ano

шиљило за оловке

rɔba

гумица за брисање

krataa a yɛdwi adeguso

блок за цртање

adedwie

цртеж

penti brɔhye

кист

penti adaka

кутија са бојама

apasɔɔ

маказе

amɛn

лепило

nwoma a yɛyɛ mu adwuma

бележница

efie adwuma

домаћи задатак

nɔmɛ

број

kabom

сабирати

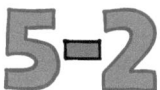

te fri mu

одузимати

mmɔǃ o

множити

sese

рачунати

lɛtɛ

слово

ntwerɛɛ

абецеда

asɛmfua

реч

ntwerɛdeɛ

текст

kenkan

читати

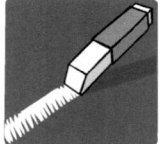

kyɔk

креда

adesua

час

twerɛ wo din

дневник

nsɔhwɛ

испит

abodinkrataa

сведочанство

sukuu ataadeɛ

школска униформа

adesua

образовање

nyansa nwoma

лексикон

suapɔn

универзитет

maakroskop

микроскоп

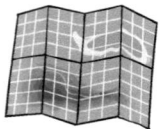

map

карта

kɛntɛn a yɛde krataa nwura
gu mu

кошара за папир

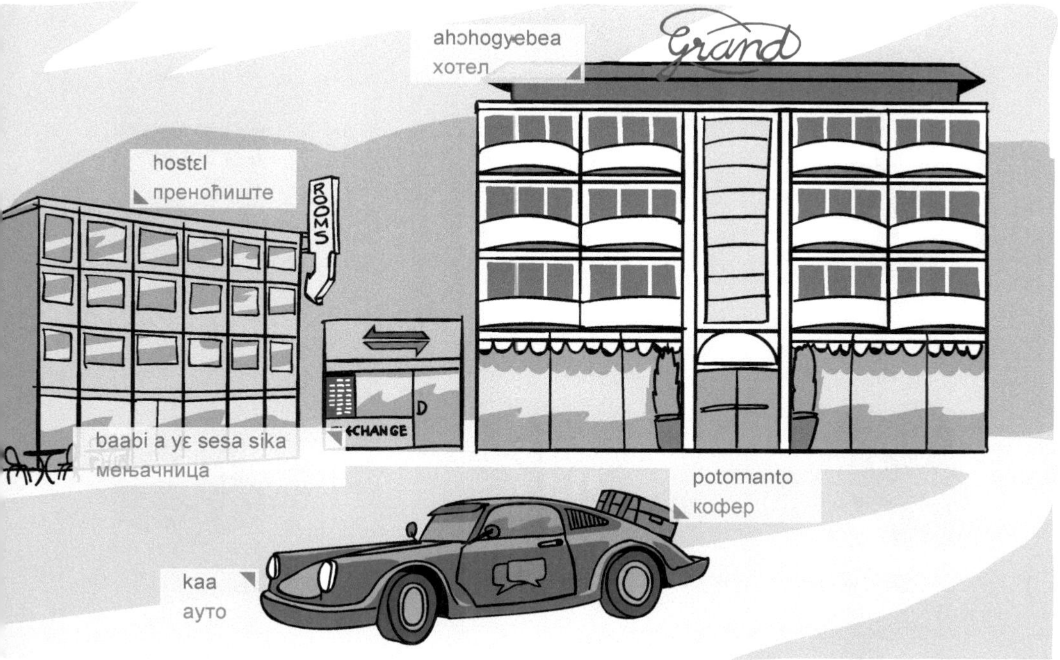

ahɔhogyebea
хотел
Grand
hostɛl
преноћиште
ROOMS
CHANGE
baabi a yɛ sesa sika
мењачница
potomanto
кофер
kaa
ауто

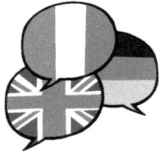

kasa

језик

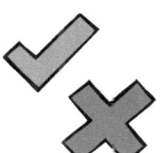

aane / dabi

да / не

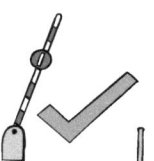

Yoo

океј

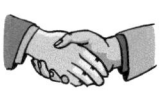

hɛlo

здраво

kasa asekyerɛfoɔ

преводилац

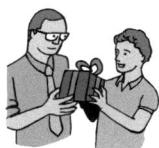

Medaase

хвала

...bɔɔ yɛ sɛn?

Колико кошта...?

Me nte aseɛ

не разумем

ɔhaw

проблем

Maadwo!

добро вече!

Maakye!

Добро јутро!

Dayie!

Лаку ноћ!

baibai o

довиђења

akwankyerɛ

смер

wo nneɛma

пртљага

bɔtɔ

торба

akyirebɔtɔ

руксак

ɔhɔhoɔ

гост

danmu

соба

bɔtɔ a yɛda mu

врећа за спавање

ntomadan

шатор

nsɛm dema wɔn a wɔkɔ
nsrahwɛ

туристичке информације

mpoano

плажа

kaade a yɛde yi sika

кредитна картица

anɔpa aduane

доручак

awua acuane

ручак

anwumerɛ aduane

вечера

tiket

карта за вожњу

pegya

лифт

stamp

поштанска маркица

ɛhyeɛ so

граница

kutomfoɔ

царина

embasi

амбасада

visa

виза

passpɔt

пасош

akɔneabadie

транспорт

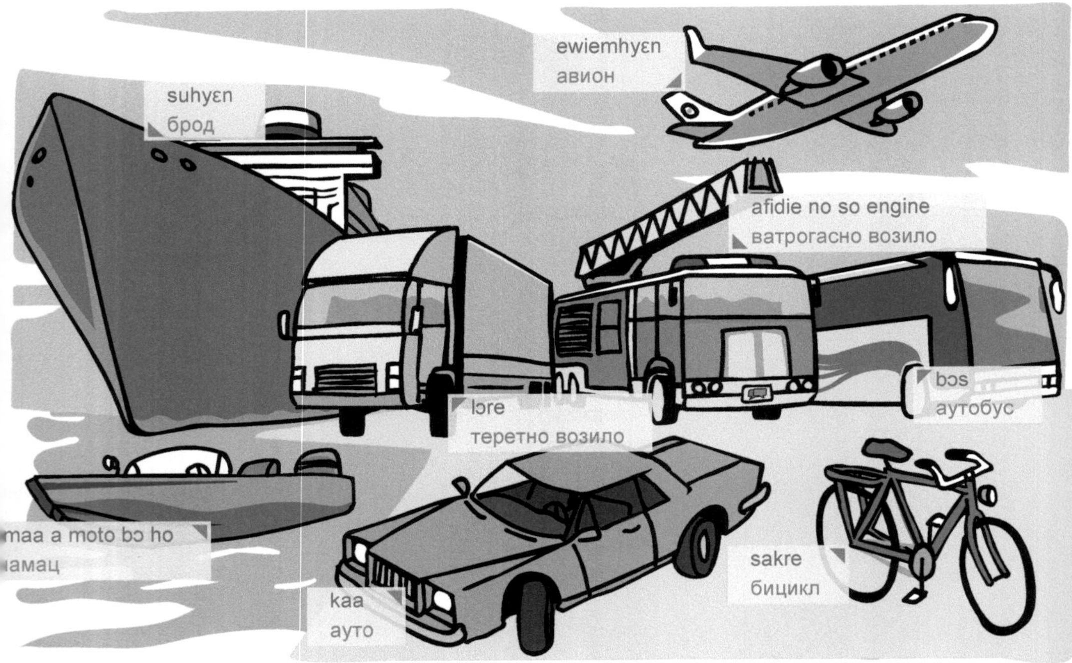

ewiemhyɛn
авион
suhyɛn
брод
afidie no so engine
ватрогасно возило
lɔre
теретно возило
bɔs
аутобус
maa a moto bɔ ho
амац
sakre
бицикл
kaa
ауто

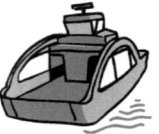

hyɛma

трајект

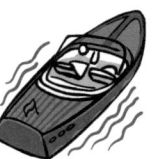

suhyɛn kumaa

чамац

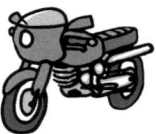

motosakre

мотоцикл

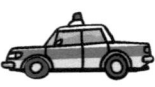

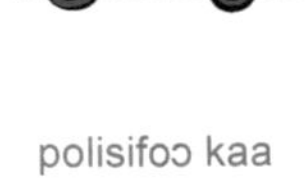

polisifoɔ kaa

полицијски ауто

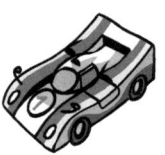

kaa a ɛkɔ mirika akansie

тркаћи ауто

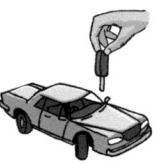

kaa a yɛde ma ahan

изнајмљено ауто

wɔre kyɛ kaa

делење аутомобила

lɔre a asɛeɛ

вучно возило

bɔɔla kaa

возило за одвоз смећа

moto

мотор

pɛtro

бензин

baabi a yɛbu pɛtro

бензинска станица

trafik ahyɛnsodeɛ

саобраћајни знак

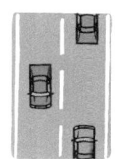

trafik

саобраћај

trafik akye

застој

baabi a yɛde kaa esi

паркиралиште

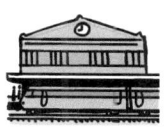

keteke gyinabea

железничка станица

keteke kwan

шине

keteke

воз

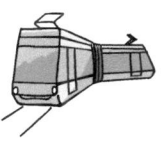

tram

трамвај

ponkɔ kaa

вагон

helikopta

хеликоптер

ewiemhyɛnbea

аеродром

abansoro

кула

apasingyani

путник

tontowa

контејнер

adaka

картон

kaate

колица

kɛntɛn

корпа

atu / asi fam

узлетети / слетети

kuro kɛseɛ

град

akurase

село

kuro dwaberɛ mu

центар града

efie

кућа

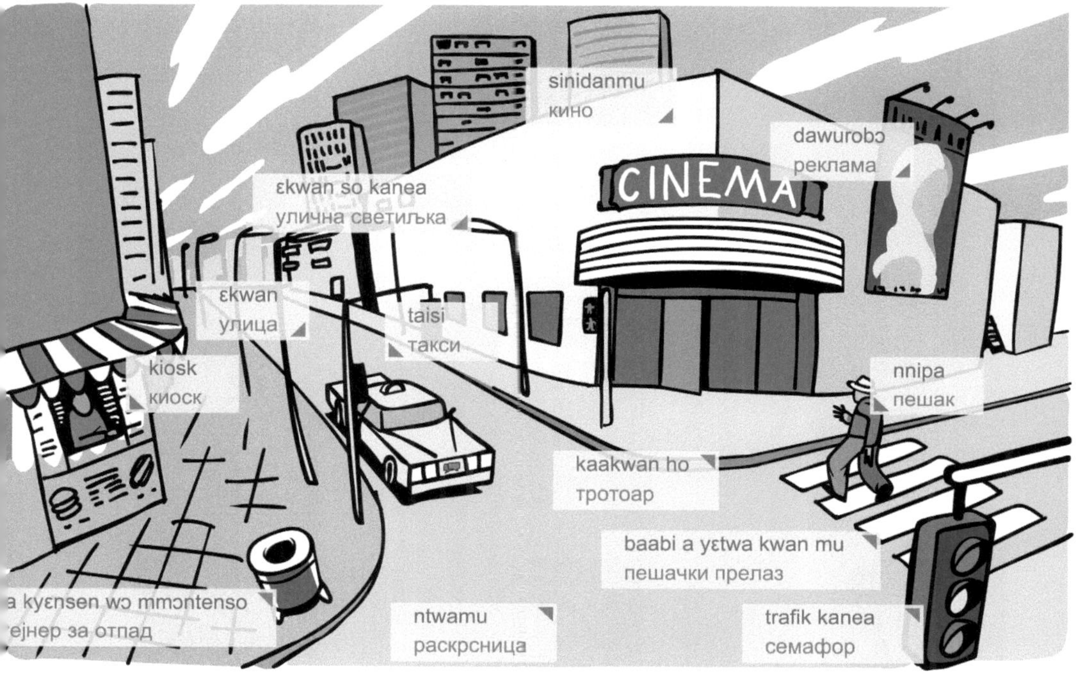

sinidanmu
кино

dawurobɔ
реклама

ɛkwan so kanea
улична светиљка

CINEMA

ɛkwan
улица

taisi
такси

nnipa
пешак

kiosk
киоск

kaakwan ho
тротоар

baabi a yɛtwa kwan mu
пешачки прелаз

a kyɛnsen wɔ mmɔntenso
ејнер за отпад

ntwamu
раскрсница

trafik kanea
семафор

apata

колиба

efie

стан

keteke gyinabea

железничка станица

adwaberɛm

већница

bea a yɛ kora tete nneɛma

музеј

sukuu

школа

kuro kɛseɛ - град

suapɔn

универзитет

sikakrobea

банка

ayaresabea

болница

ahɔhogyebea

хотел

famasi

апотека

asoeɛ

канцеларија

sotɔɔ a wɔtɔn nwoma

књижара

sotɔɔ

продавница

baabi yɛtɔn nhwiren

цвећара

sotɔɔpɔn

супермаркет

edwam

трг

sotɔɔ kɛseɛ

робна кућа

baabi a yɛtɔn mpataa

рибарница

dwadibea kɛseɛ

трговачки центар

suhyɛn gyinabea

лука

baabi kaa gyina

парк

bɛnkyɛ

клупа

ɛtwene

мост

atwedeɛ

степенице

asaase ase

подземна железница

ɛbɔn

тунел

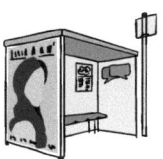

baabi a bɔs gyina

аутобуска станица

nsanomtea

бар

adidibea

ресторан

lɛta adaka

поштанско сандуче

ɛkwan so akwankyerɛ

улични знак

baabi kaa gyina ho mita

паркирни аутомат

zoo

зоолошки врт

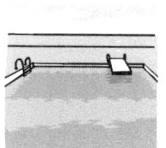

nsuo a yɛ dware mu

базен

nkramodan

џамија

afuo

сеоско газдинство

dɛɛ egu mmɔnten so fi

загађење околине

asieɛ

гробље

asɔre

црква

agodibea

игралиште

asɔre dan

храм

mmɔnten so asiesie

пејсаж

ahaban
лист

sanbɔd
путоказ

kwan
пут

asaase a ɛsere wɔ so
ливада

boba
камен

dua
дрво

ɔnantefoɔ
шетач

asubɔnten
река

ɛserɛ
трава

nhwiren
цвет

amenamu

долина

bepɔ

планлна

tadeɛ

језеро

kwaeɛ

шума

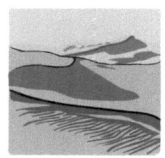

ɛserɛ so

пустиња

egya a efri botan mu

вулкан

abankɛseɛ

дворац

nyankoɲtɔn

дугɛ

emere

гљива

abɛtene

палма

ntomntom

москито

tu

мува

ntɛtea

мрав

wowa

пчела

ananse

паук

amankuo

буба

apɔnkyerɛni

жаба

opuro

веверица

apɛsɛ

јеж

adanko

зец

patuo

сова

anomaa

птица

nsuo mu dabodabo

лабуд

kɔkɔte

дивља свиња

adoa

јелен

ɔtweenini

лос

dam

насип

wind turbine afidie

ветрењача

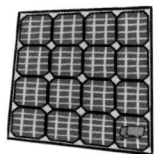

afidie a ɛkye awia

соларна плоча

wiem nsakraeɛ

клима

adidibea
ресторан

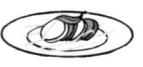

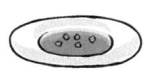

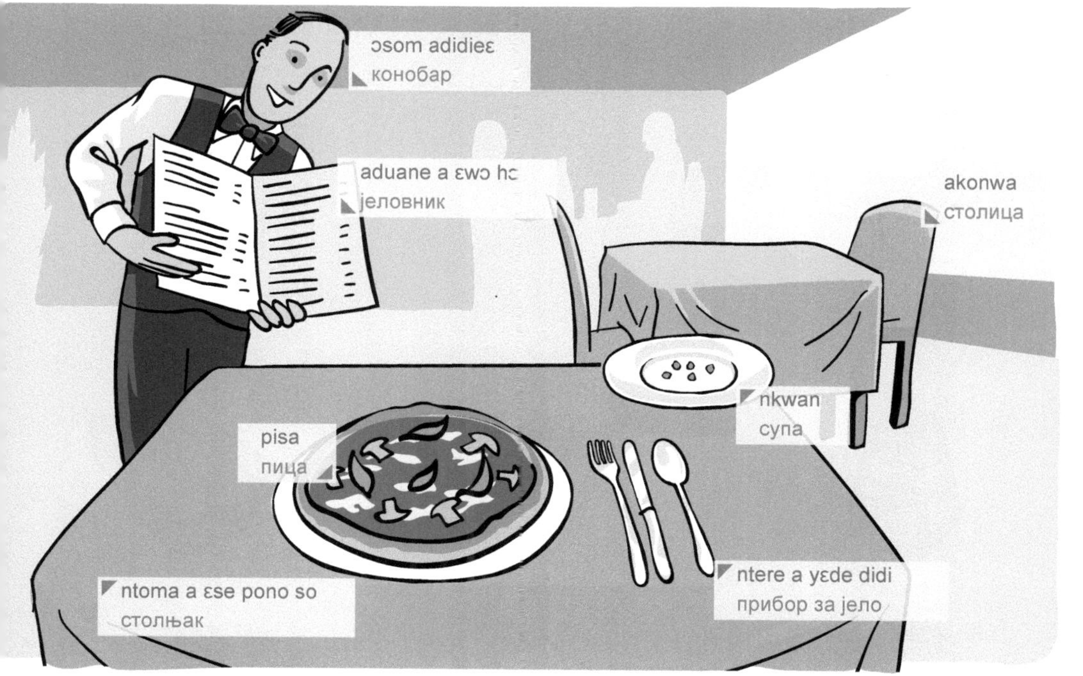
ɔsom adidieɛ
конобар
aduane a ɛwɔ hɔ
јеловник
akonwa
столица
nkwan
супа
pisa
пица
ntoma a ɛse pono so
стољњак
ntere a yɛde didi
прибор за јело

mprampra anom

предјело

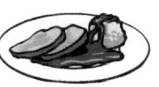

aduane no ankasa

главно јело

mpa anom

десерт

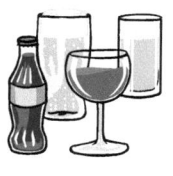

nsa

напитци

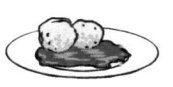

aduane

јело

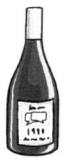

toa

флаша

aduane hyewhyew

брза храна

abɔnten so aduane

имбис храна

tii kukuo

чајник

asikyire konko

доза за шећер

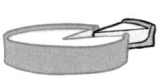

wo kyɛfa

порција

espresso afidie

апарат за еспресо

akonwa tenten

висока столица

wo ka

рачун

apanpan

послужавник

sekan

нож

adinam

виљушка

atere

кашика

atere ketewa

чајна кашика

napkin a yɛde pepa ano

салвета

glase

чаша

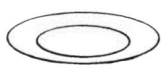

prɛte
....
тањир

kwan kyɛnsee
....
тањир за супу

prɛte ketewa
....
тањирић

abomu
....
сос

nkyene kukuo
....
сољенка

yɛde yam mako
....
млин за бибер

fenega
....
сирће

anwa
....
уље

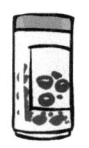

aduhwam
....
зачини

kɛkyɔp
....
кечап

mustəd
....
сенф

mayones
....
мајонеза

sotɔɔpɔn
супермаркет

ntesoɔ soronko
понуда
FOR
adetɔfoɔ
купац
nanatwie nufusuo
млечни производи
aduaba
воће
hwiili
колица за куповину

BUTCHERS

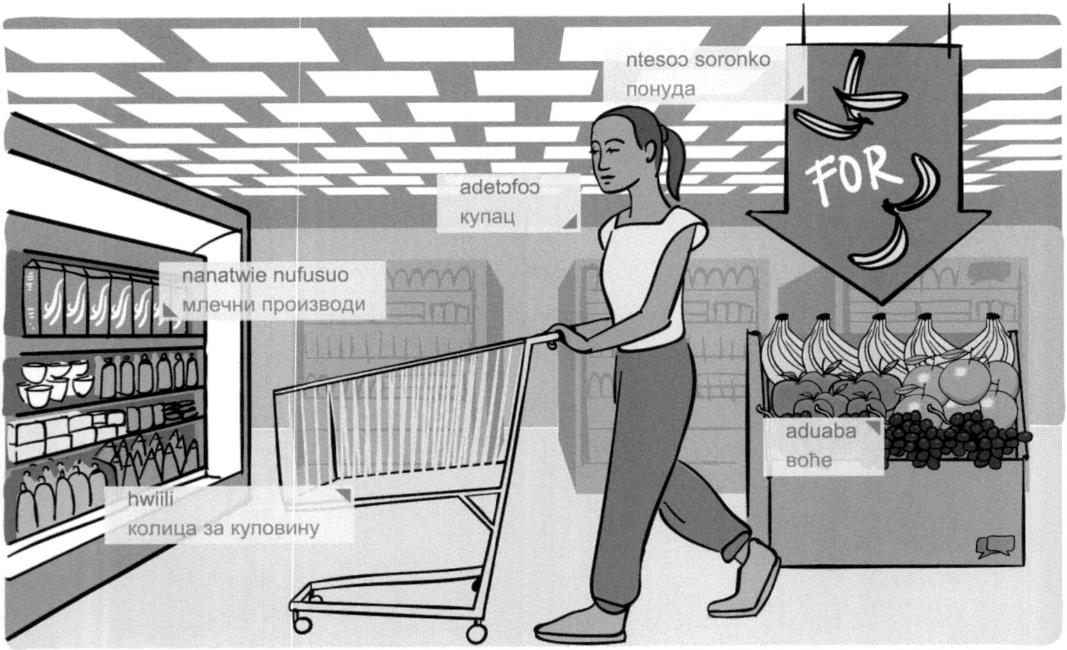

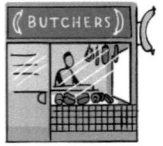

baabi a yɛtɔn nam

месница

BAKERY

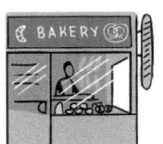

baabi a yɛtɔn paano

пекара

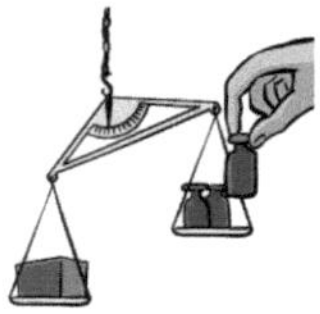

susu

вагати

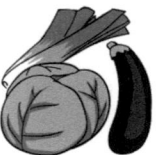

atosodeɛ

поврће

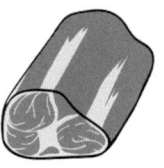

nam

месо

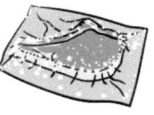

frigyemu aduane

смрзнута храна

nam a adwoɔ

нарезак

kyɛnsee mu aduane

конзерве

paoda samena

средство за прање

adedɔkɔdɔkɔ

слаткиши

efie nneɛma

артикли за домаћинство

adetɔneɛ a yɛde pepa fin

средства за чишћење

nnipa a ɔtɔn adeɛ

продавачица

afidie a egye sika

благајна

ɔgyegye sika

благајник

krataa a wodi rekɔ di dwa

листа за куповину

berɛ a wɔde bua

време рада

sikabɔtɔ

новчаник

kaade a yɛde yi sika

кредитна картица

baage

торба

rɔba baage

пластична кеса

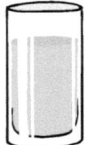

nsa
....
вода

aduaba mu nsuo
....
сок

nufusuo
....
млеко

kok
....
кола

wain nsa
....
вино

biya
....
пиво

mmorosa
....
алкохол

kokoo
....
какао

tii
....
чај

kofe
....
кава

espresso
....
еспресо

kapukyino
....
капучино

kwadu

банана

apol

јабука

ankaa

наранџа

melon

лубеница

akutɔ

лимун

karɔt

шаргарепа

garlik

бели лук

pampʰo

бамбус

gyeene

лук

mmere

гљива

nkateɛ

орашасти плодови

talia

резанци

spageti

шпагете

ɛmo

рижа

salad

салата

kyipis

помфрит

abrɔdwomaa a y'akye

печени крумпир

pisa

пица

hambɔga

хамбургер

sanwekye

сендвич

nam a dompe nnim

шницла

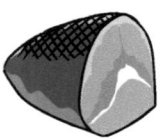

preko nam

шунка

nam a y'ahata

салама

sɔsege

кобасица

akokɔ

кокош

toto

печење

apataa

риба

oosu koko

зобене пахуљице

muesli

мусли

konflese

кукурузне пахуљице

esam

брашно

krossant

кроасан

paano a y'abobɔ

пециво

paano

хлеб

paano a y'atoto

тоаст

biskete

кекси

bɔta

маслац

nufusuo a ɛda

свежи сир

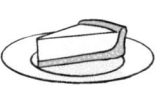

keeke

колач

kosua

jaje

kosua a y'akyeɛ

jaje на окɔ

kyiis

сир

asskrim

сладолед

asikyire

шећер

ɛwoɔ

мед

gyaam

мармелада

kyokolete

нугат крема

kɔri

кари

afuo

сеоско газдинство

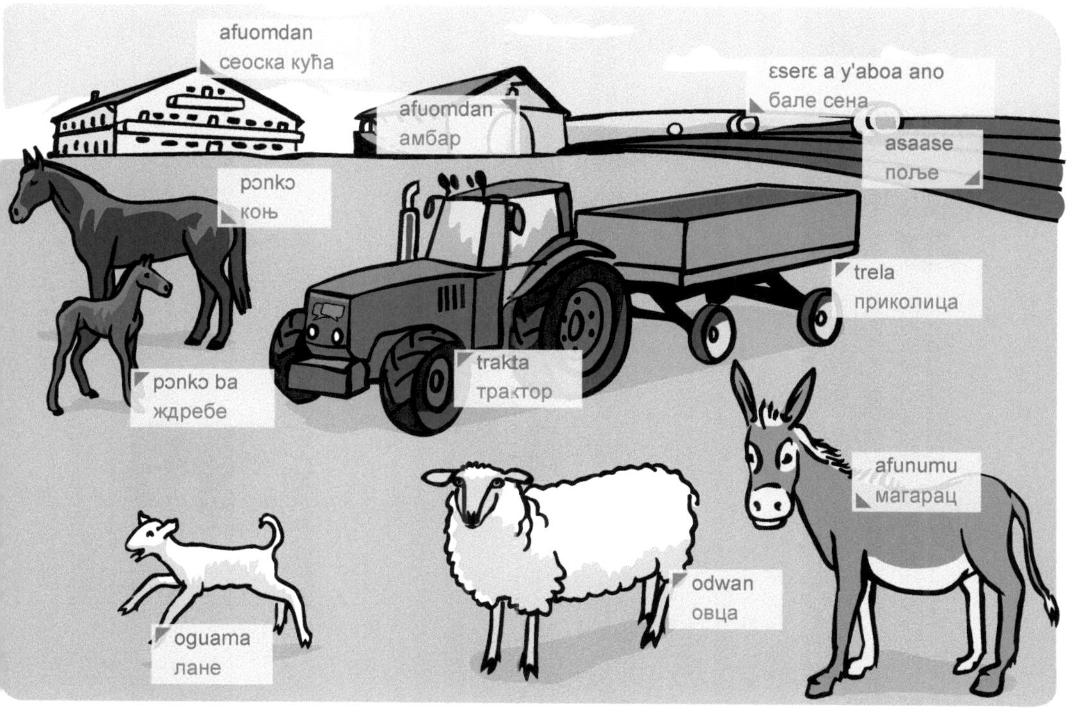
afuomdan
сеоска кућа
afuomdan
амбар
ɛserɛ a y'aboa ano
бале сена
asaase
поље
pɔnkɔ
коњ
trela
приколица
pɔnkɔ ba
ждребе
trakta
трактор
afunumu
магарац
odwan
овца
oguama
лане

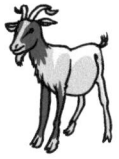

apɔnkye
коза

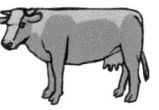

nantw e
крава

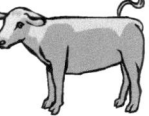

nantwie ba
теле

prɛko
свиња

prɛko bɘ
прасе

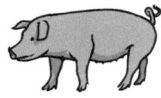

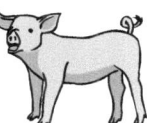

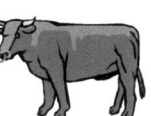

nantwinini
бик

dabodabo nua

гуска

dabodabo

патка

akokɔba

пилићи

akokɔbedeɛ

кокош

akokɔnini

петао

kusie

пацов

ɔkra

мачка

akura

миш

nantwinini

вол

kraman

пас

kraman buo

кућица за пса

afuom drobɛn

вртно црево

tontora a yɛde gu nsuo

канта за поливање

sekan a yɛde twa aburo

коса

funtum dadeɛ

плуг

kɔntɔnkrɔ

срп

asɔ

мотика

afuom adinam

виљушка за ђубриво

akuma

секира

hweebɛro

тачке

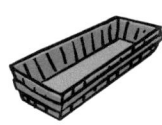

adidika

корито

nufusuo konko

посуда за млеко

bɔtɔ

вреħа

ɛban

ограда

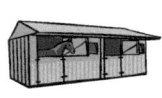

pɔnkɔ dan

штала

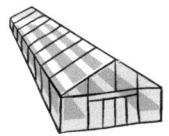

ntomadan a yɛyɛ mu afuo

стакленик

anwea

земља

aba

семе

ɔyɛ asaaseyie

ђубриво

otwaberɛ trakta

комбајн

twa

жети

otwaberɛ

жетва

bayerɛ

јамс зачин

ayuo

пшеница

soya

соја

abrɔdwomaa

крумпир

aburo

кукуруз

repu aba

уљана репица

dua a ɛso aba

воћка

bankye

гомољ маниоке

aburo asefoɔ

житарице

efie
кућа

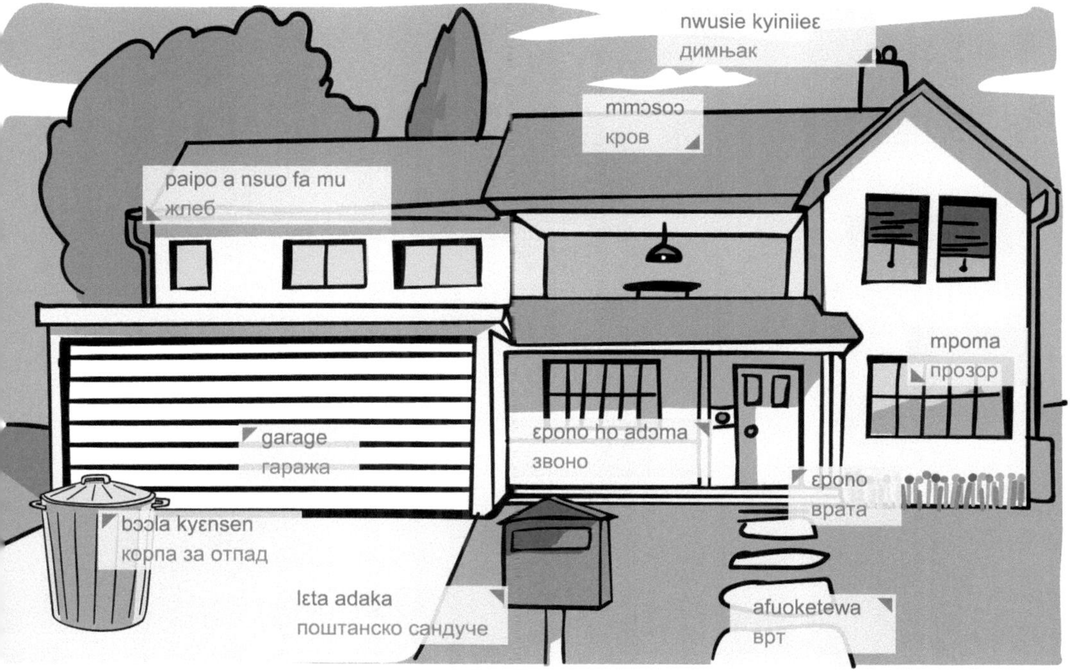
nwusie kyiniieɛ
димњак
mmɔsoɔ
кров
paipo a nsuo fa mu
жлеб
mpoma
прозор
garage
гаража
ɛpono ho adɔma
звоно
ɛpono
врата
bɔɔla kyɛnsen
корпа за отпад
lɛta adaka
поштанско сандуче
afuoketewa
врт

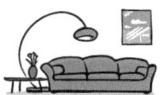

asaso

дневна соба

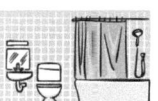

adwareɛ

купаоница

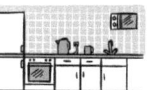

mukaase

кухиња

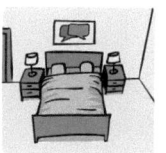

pie mu

спаваћа соба

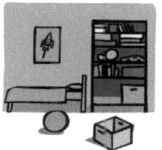

nkwadaa dan mu

дечија соба

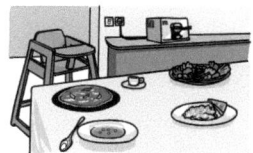

dan a yɛdidi mu

трпезарија

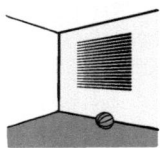

εfam

под

εban

зид

abruuso

строп

danbloo

подрум

adwereε a εbɔ ɔhyew

сауна

abranaa

балкон

abranaaso

тераса

nsuo a yεdware mu

базен

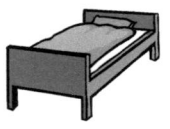

afidie a yεde dɔ

косилица за траву

nsεfam

постељина за кревет

ntoma a εse kεtε so

дека за кревет

mpa

кревет

prayε

метла

bokiti

канта

dane

прекидач

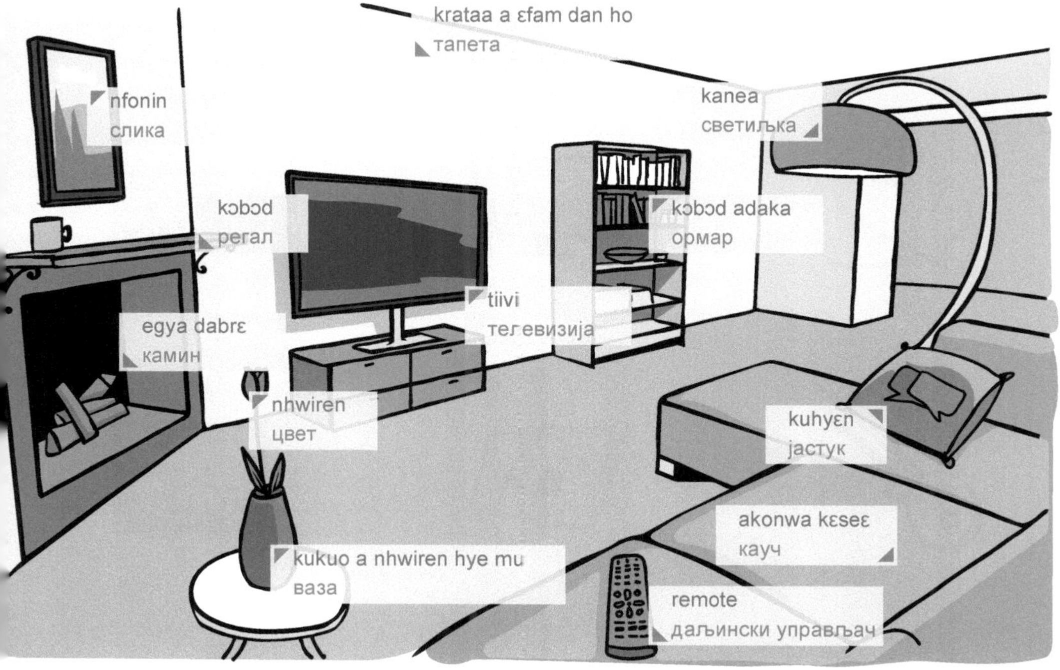

krataa a ɛfam dan ho
тапета

nfonin
слика

kanea
светиљка

kɔbɔd
регал

kɔbɔd adaka
ормар

egya dabrɛ
камин

tiivi
телевизија

nhwiren
цвет

kuhyɛn
јастук

akonwa kɛseɛ
кауч

kukuo a nhwiren hye mu
ваза

remote
даљински управљач

kapɛte
тепих

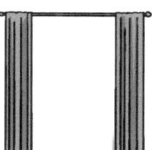

ntwaa dan mu
завеса

ɛpono
сто

akonwa
столица

akonwa a ehinhim
столица за њихање

akonwa a yɛgyegye dan
фотеља

nwoma

књига

kuntu

дека

dan mu nsiesie

декорација

egya

дрво за огрев

sini

филм

wailɛs

хи-фи уређај

safoa

кључ

koowaa krataa

новине

nfonin a y'adwi

слика на платну

nfam danho

постер

radio

радио

krataa a yɛ twere mu

блок за писање

afidie a ɛprapra

усисивач

kaktus

кактус

kyɛnere

свећа

mukaase
кухиња

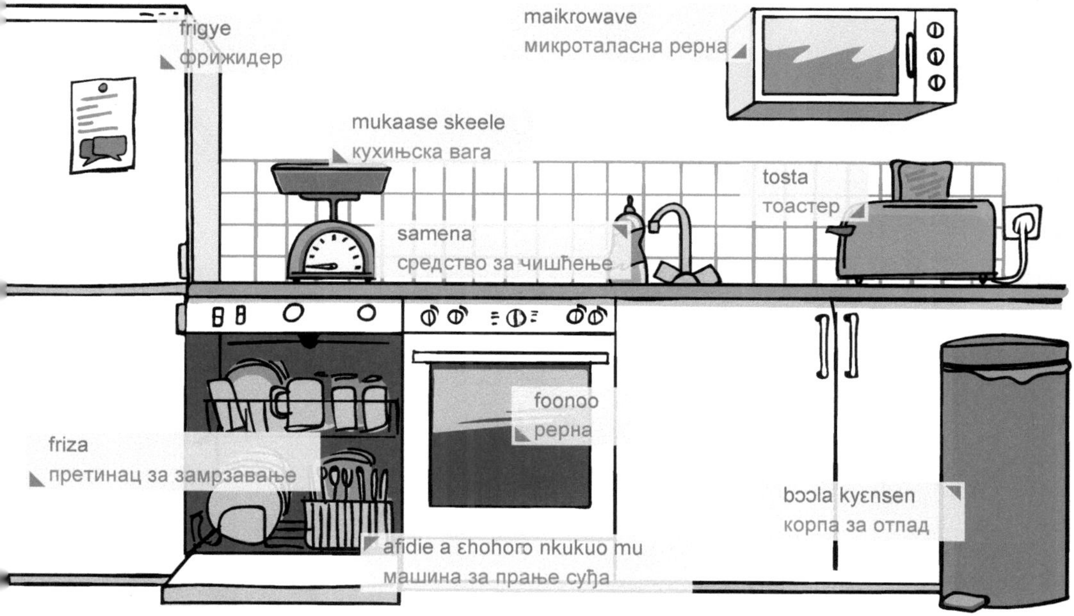

frigye
фрижидер
maikrowave
микроталасна рерна
mukaase skeele
кухињска вага
tosta
тоастер
samena
средство за чишћење
foonoo
рерна
friza
претинац за замрзавање
bɔɔla kyɛnsen
корпа за отпад
afidie a ɛhohoro nkukuo mu
машина за прање суђа

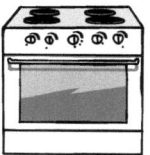

abɛɛfo bukyea
шпорет

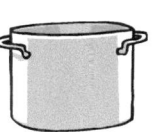

kokuo
лонац

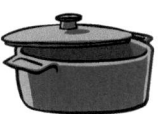

dadesɛn
гвоздени лонац

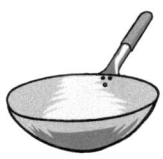

wok / kadai
вок / кадаи

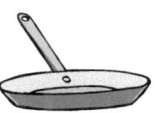

kyɛnsee
тава

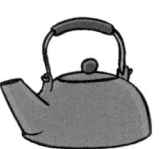

nsuo hyeɛ afidie
кувало за воду

stiima

кувало на пару

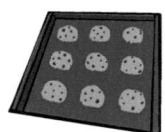

apa a yɛ to so adeɛ

лим за печење

prɛte, kuruwa, ntere ne nea ɛkeka ho

посуђе

kuruwa a etumi bɔ

чаша

kyɛnsee

посуда

nnua a yɛde didi

штапићи за јело

kwantre

кутлача

dua atere

лопатица

yɛde nu adeɛ mu

пењача

sɔneɛ

сито за кување

fefe

сито

greta

рибеж

waduro

мужар

kyinkyinga

роштиљ

bukyea

огњиште

εpono a yε twitwaso adeε
....
даска

εta
....
оклагија

deε yεtu nsa so
....
вадичеп

konko
....
конзерва

deε yεde bue konko so
....
отварач конзерви

yεde sɔ kukuo mu
....
крпа за лонац

sink
....
судопер

brɔhye
....
четка

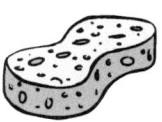

sapɔ
....
сунђер

aduane yam fidie
....
миксер

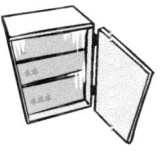

friza nini
....
замрзивач

toa a abɔdoma nom ano
....
флашица за бебе

paipo
....
славина за воду

adwareɛ

купаоница

ɔhyewbɔ
грејање
hyawa
туш
bɔɔloba
пешкир
ntoma etwa hyawa mu
завеса за туш
ahuro a yɛdware mu
пенушава купка
pan a yɛdware mu
када
glase
чаша
afidie a esi nnɛma
машина за прање веша
paipo
славина за воду
tiailse
плочице
kuraba
тута
sink
судопер

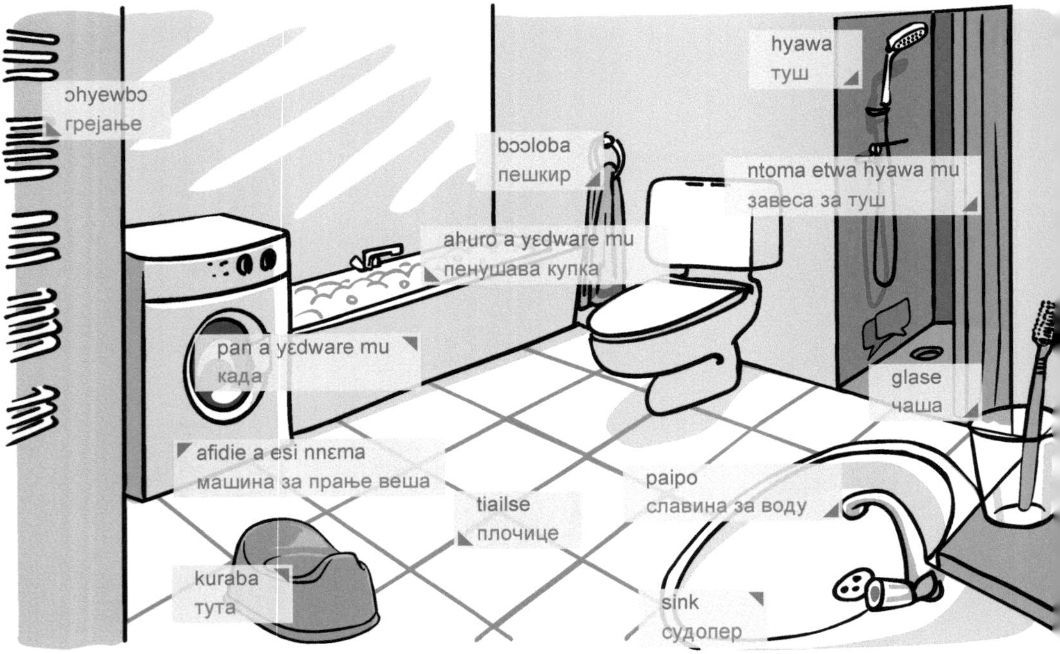

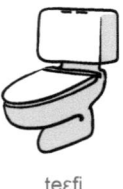

teɛfi

тоалет

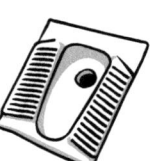

teɛfi a yɛ koto so

чучавац

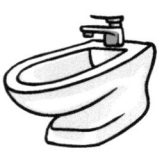

bidet teɛfi

бидет

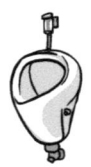

dwonsɔ dan

писоар

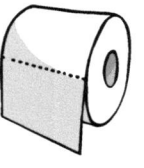

teɛfi so krataa

тоалетни папир

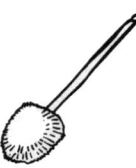

teɛfi so brɔhye

четка за тоалет

brɔhye a yɛde twitwiri see
....
четкица за зубе

aduro a yɛde twitwiri see
....
паста за зубе

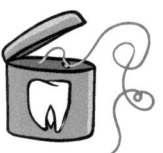

yɛde yiyi ɛsee mu
....
конац за зубе

si
....
прати

hyawa a yɛsɔ mu
....
туш ручица

paipo a yɛde hohoro
ananmu
....
туш за прање интимних
делова

bokiti
....
лавор

brɔhye a wode dware w'akyi
....
четка за прање леђа

samena
....
сапун

hyawa samena
....
гел за туширање

nsuo samena
....
шампон

flanɛl ntoma
....
крпа за прање

baabi a nsu fa pue
....
одвод

nku
....
крема

yɛde fefa amotoamu
....
дезодоранс

ahwehwɛ

огледало

ahwehwɛ a yɛsɔ mu

козметичко огледало

bled

бријач

ahuro a yɛde yi nwi

пена за бријање

aduro a yɛde fefa baabi a
wo ayi nwi

лосион за после бријања

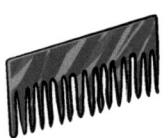

afen

чешаљ

brɔhye

четка

afidie a ɛwo nwi

фен за косу

enwi sopre

спреј за косу

pɔns

шминка

lipstike

руж за усне

penti a yɛde mɔreɛ so

лак за нокте

asaawa

вата

apasoɔ a etwa mmɔreɛ

маказе за нокте

aduhwam

парфем

adwareɛ baage

козметичка торбица

edwa

столица

skele

вага

adwereɛ ataadeɛ

огртач

rɔba a yɛde hyɛ nsa ho

рукавице за члшћење

tampon

тампон

abɛɛfo amonsen

уложак

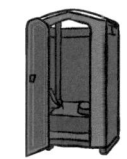

teɛfi a adurɔ gum

хемијски тоалет

nkwadaa dan mu

дечија соба

klɔk a ɛbɔ nkaeɛ
будилник
kyoobi
плишана играчка
toi kaa
ауто играчка
akasaa
звечка
broniba dan
кућица за лутке
seeseiara
поклон

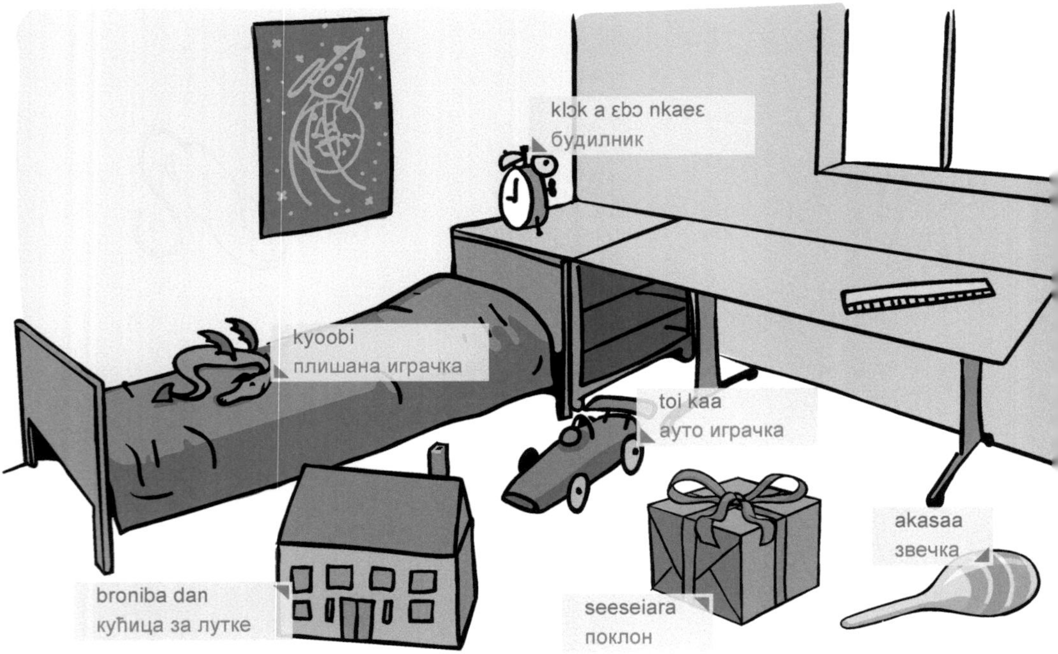

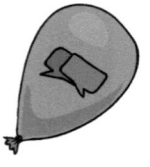

baaluu

балон

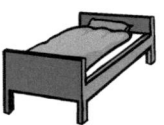

mpa

кревет

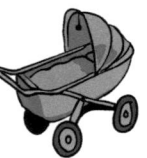

nkwadaa kaa

дјечија колица

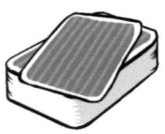

sopaa

игра са картама

gyiksɔɔ

слагалица

SUPER
MEGA

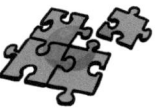

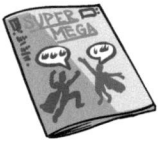

nsɛnkwa

стрип

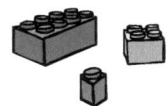

lego blɔg

лего коцкице

blɔg a yɛde si dan

коцкице за слагање

nnipa ɔbɔhye

акциони јунак

abɔdoma ataadeɛ

бенкица за бебе

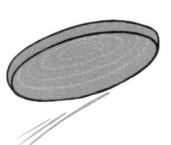

frisbee

фризби

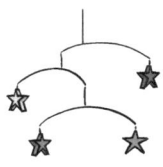

mobail

висеће играчке

ponoso agodie

друштвене игре

daahye

коцка

nkwadaa keteke

минијатурна жељезница

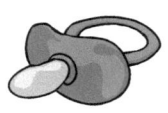

koliko

дуда

apontoɔ

забава

nfonin nwoma

сликовница

bɔɔlo

лопта

broniba

лутка

di agorɔ

играти

anwea adaka

пешчаник

adonko

љуљачка

tois

играчка

video agodie apaawa

конзола за игре

sakre a ne nan meɛnsa

трицикл

kyoobi

теди

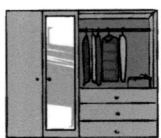

wɔdropo

ормар

ntaadeɛ

одећа

sɔks

кратке чарапе

stokens

чарапе

sekentait

хулахопке

duku
шал

kyiɲieɛ
киᴫобран

t-hyɛɛt
мајица

bɛlɛte
каиш

mpaboa
чизме

kyalewate
папуче

kamboo
патике

asopatre
....
сандале

mpoboa
....
ципеле

rɔba mpaboa
....
гумене чизме

ɛtam
....
гаћице

bra
....
грудњак

singlɛte
....
поткошуља

nipadua

боди

trɔsa

панталоне

gyins

фармерке

sekɛɛt

сукња

ɛsoro ataadeɛ

блуза

hyɛɛte

кошуља

nkatoho a ɛko awɔ

џемпер

hoodie

џемпер с капуљачом

koot

сако

nkatasoɔ

јакна

nkatasoɔ

мантил

nsutɔ mu nkataho

кабаница

dwumadie bi ho ataadeɛ

костим

mmaa atadeɛ

хаљина

ayefrɔ ataadeɛ

венчаница

kootu

одело

mmaa ataadεε a yεde da

спаваћица

pigyamas ataadeε

пиџама

sari

сари

dukи

марама за главу

abotire

турбан

burka

бурка

kaftan

кафтан

nkramofoɔ mmaa atadeε

абаја

ataadeε a yεde dware nsuo

купаћи костим

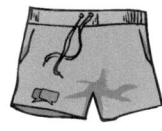

asenemu ataadeε

купаће гаћице

nika

кратке панталоне

agokansie ntaadeε

одећа за тренинг

akatasoɔ

кецеља

nsa nkataho

рукавице

bɔtom

дугме

sopɛɛse

наочаре

ahwneɛ

наруквица

komadeɛ

огрлица

kawa

прстен

asomadeɛ

наушница

ɛkyɛ

капа

yɛde koot sɛn so

вешалица

ɛkyɛ

шешир

abɔmene mu

кравата

zip

патент затварач

ɛkyɛ denden

кацига

bresis

нараменице

sukuu ataadeɛ

школска униформа

adwuma ataadeɛ

униформа

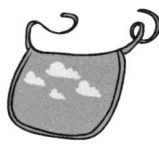

mmɔfra bib

подбрадак

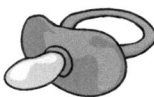

koliko

дуда

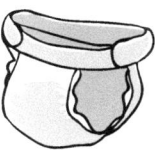

nkwadaa napken

пелена

asoeɛ

канцеларија

sɛɛva
сервер
kabenɛt
ормар за списе
printa
штампач
krataa
папир
monita
монитор
ɛpono a yɛyɛ so adwuma
писаћи сто
Maws
миш
nhyemu
мапа
ntwerɛeɛ pono
тастатура
a yɛde krataa nwura gu mu
pa за папир
akonwa
столица
komputa
компјутер

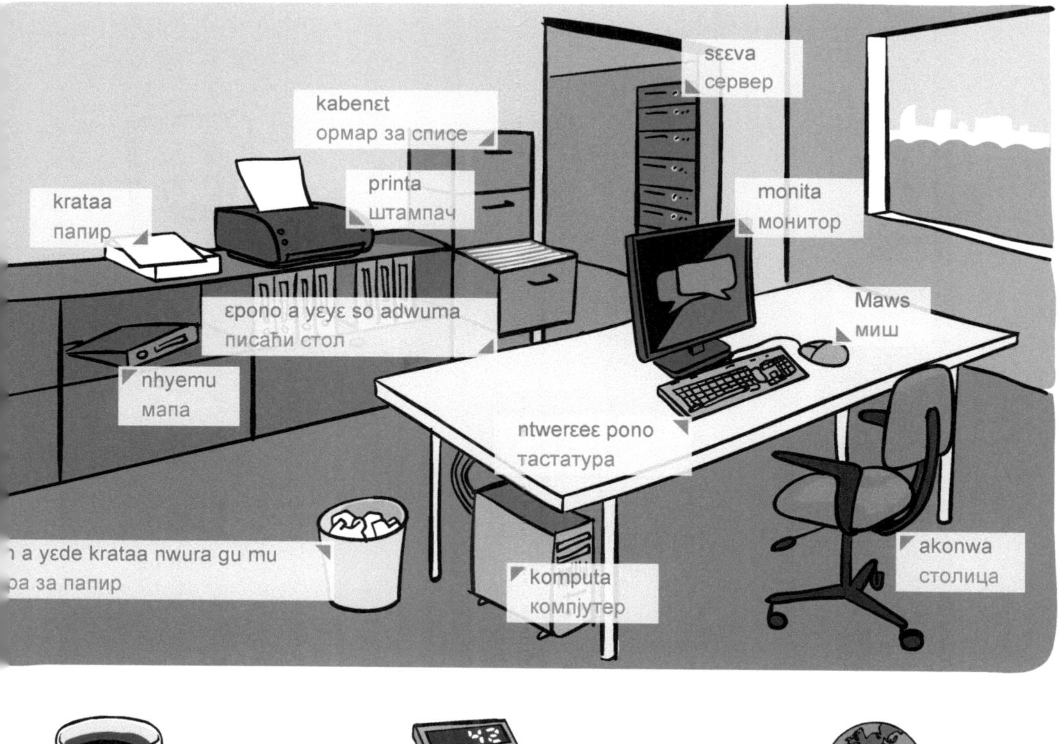

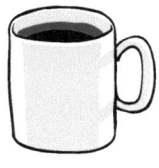

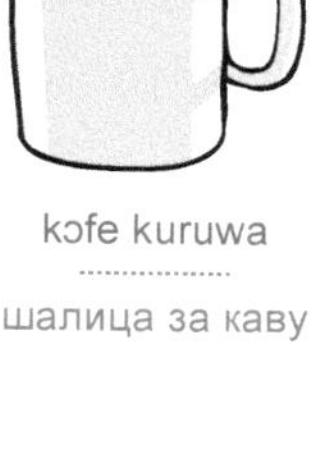

kɔfe kuruwa

шалица за каву

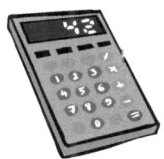

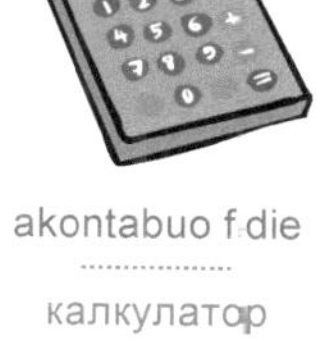

akontabuo fidie

калкулатор

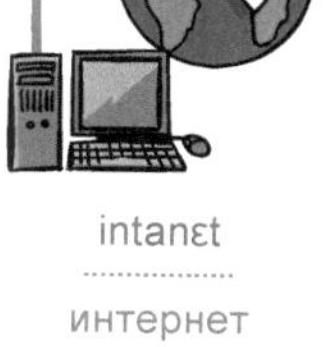

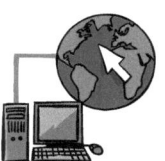

intanɛt

интернет

laptop

лаптоп

lɛta

писмо

nkratoɔ

порука

mobail kasafidie

мобилни телефон

nɛtwɛke

мрежа

fotokɔpi

уређај за копирање

softwɛɛ

софтвер

tetefon

телефон

sɔkɛt

утичница

faks afidie

факс

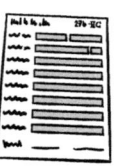

katraa

формулар

nkrataa

документ

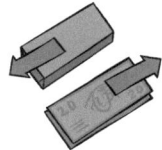

tɔ
....
куповати

tua
....
платити

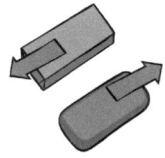

di dwa
....
трговати

sika
....
новац

dollar
....
долар

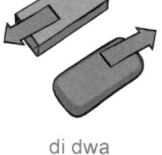

euro
....
евро

yen
....
јен

rubel
....
рубља

Swiss franks
....
швајцарски франак

renminbi yuan
....
ренминдби јуан

rupii
....
рупија

baabi yɛtua sika
....
аутомат за новац

baabi a yɛ sesa sika

мењачница

sika kɔkɔɔ

злато

dwetɛ

сребро

now

нафта

ahoɔden

енергија

ne boɔ

цена

kontragye

уговор

ɛtoɔ

порез

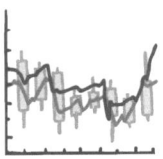

stɔk

деонице

adwuma

радити

adwumayɛni

службеник

adwumawura

послодавац

mfididwuma mu

фабрика

sotɔɔ

продавница

nwuma ahodoɔ

занимања

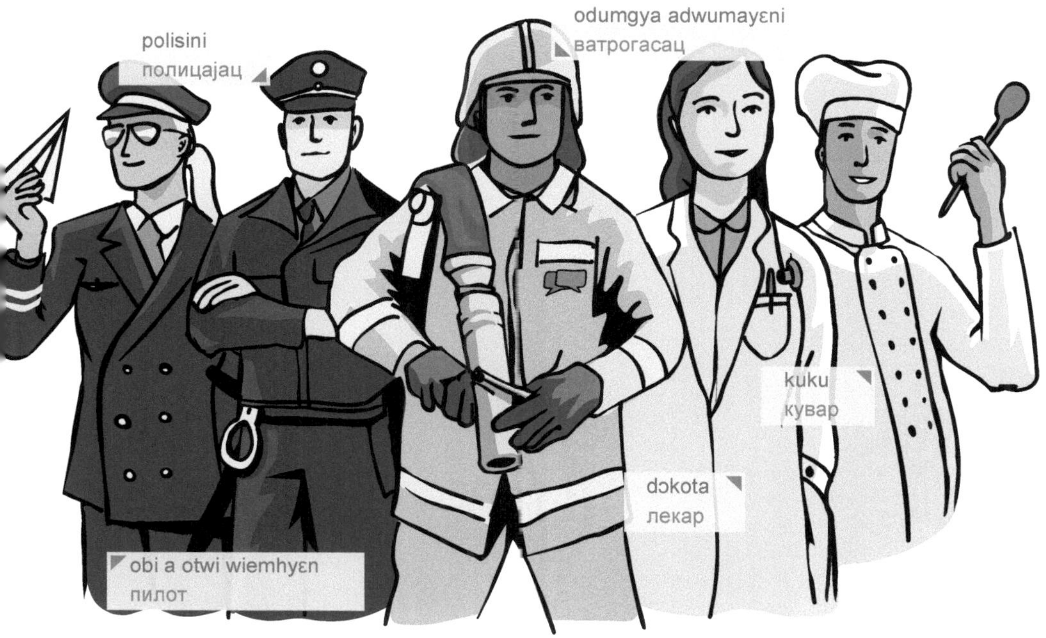
odumgya adwumayɛni
ватрогасац
polisini
полицајац
kuku
кувар
dɔkota
лекар
obi a otwi wiemhyɛn
пилот

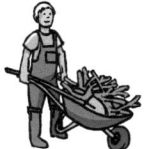

ɔyɛ afuo

вртлар

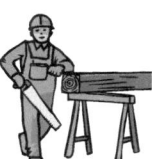

dua dwomfoɔ

столар

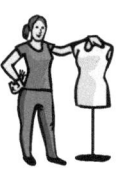

adepani baa

кројачица

atɛnmuafoɔ

судија

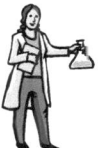

ɔtɔn nnuro

хемичар

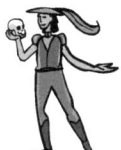

sini yɛfoɔ

глумац

bɔs drɔba

возач аутобуса

taisi drɔba

возач таксија

ɔpofoɔ

рибар

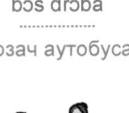

ɔbaa a osiesie fie

чистачица

ɔbɔdanso

крovопокривач

ɔsom adidieɛ

конобар

bɔmɔfoɔ

ловац

penta

сликар

ɔto paano

пекар

ɔyɛ nkaneɛ ho adwuma

електричар

ɔdansifoɔ

грађевински радник

inginia

инжењер

ɔdwa nam

месар

plɔmba

лимар

krataa manefoɔ

поштар

sogyani

војник

ɔdwi ɛdan

архитекта

ɔgyegye sika

благајник

ɔtɔn nhwiren

цвећар

ɔyɛ tire

фризер

meeti

кондуктер

fitani

механичар

nnipa a otwi suhyɛn

капетан

ɛsee dɔkota

зубар

abɔdeɛ mu nimdefoɔ

научник

rabi

раби

kramo panin

имам

ɔsɔfo

монах

osɔfo

свећеник

anwenade

алати

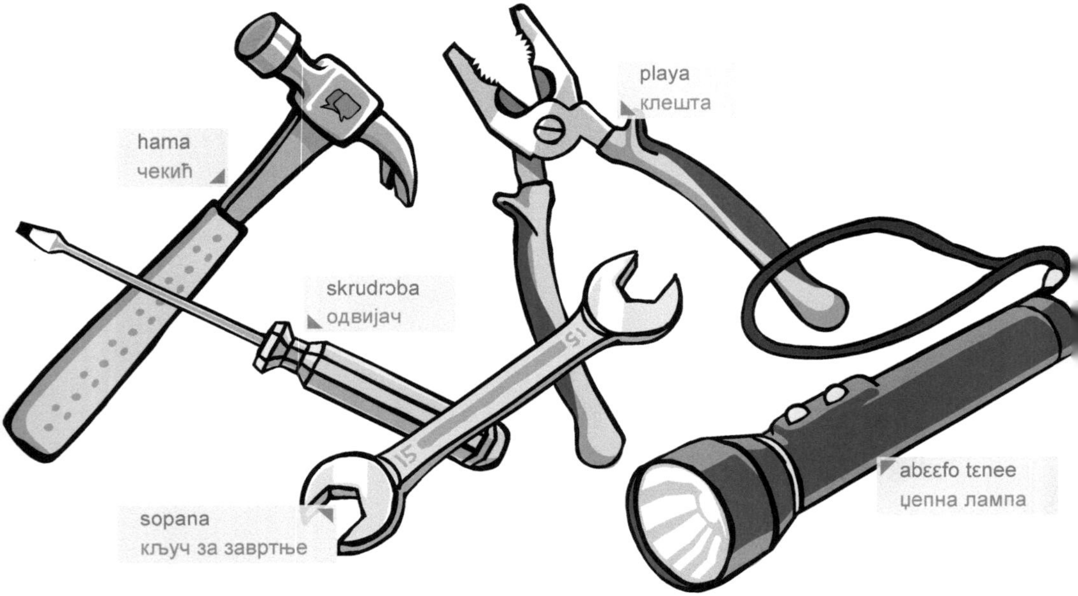
hama
чекић
playa
клешта
skrudrɔba
одвијач
sopana
кључ за завртње
abɛɛfo tɛnee
џепна лампа

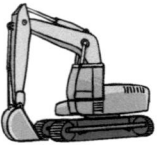

otu amena

багер

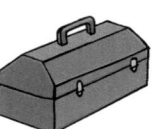

anwenade adaka

кутија за алат

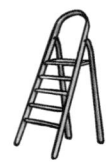

atwedeɛ

мердевине

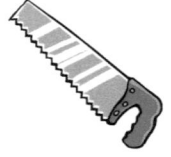

asradaa

пила

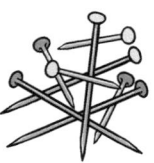

nnadewa

ексер

afidie a yɛde bɔne tokro

бушилица

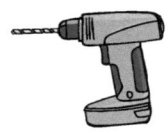

siesie

поправити

sofi

лопата

Ebei!

до ђавола!

asanwura

лопатица

penti kukuo

лонац за боју

skruu

завртањи

nneɛma a yɛde bɔ nwom

музички инструмент

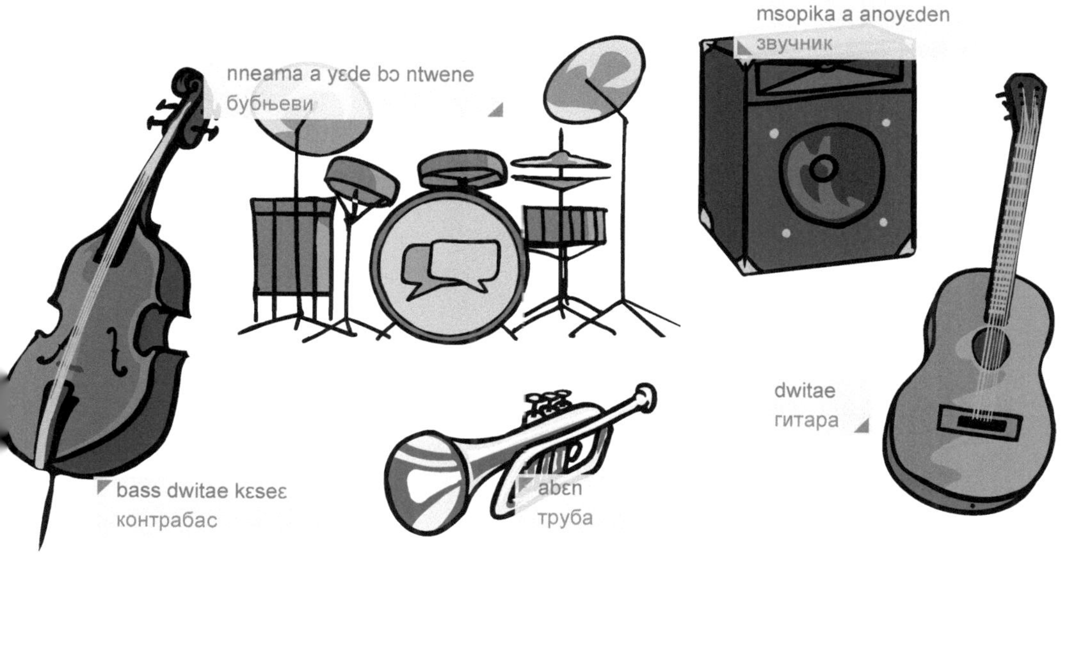

msopika a anoyɛden
звучник

nneɛma a yɛde bɔ ntwene
бубњеви

dwitae
гитара

bass dwitae kɛseɛ
контрабас

abɛn
труба

sankuo

клавир

ahoma sankuo

виолина

bass dwitae

бас

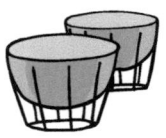

atumpan

тимпани

ntwene

удараљке за бубњеве

ntwerɛeɛ apa

типке клавира

saksofon

саксофон

atentenbɛn

флаута

maikrofon

микрофон

tεbɔ
тигар

mmoa dan
кавез

εpɔnɔ anɔ
улаз

zebra
зебра

mmoa aduaɲe
храна за животиње

panda
панда

mmoa

животиње

ɔsɔnɔ

слон

kangaru

кенгур

raino

носорог

akateɑ

горилɑ

sisire

медвед

afunuponkɔ

камила

sohori

ној

gyata

лав

adwee

мајмун

flamingo

фламинго

ako

папагај

awɔ mu sisire

поларни медвед

penguin

пингвин

oboodede

ајкула

akɔkonini abankwa

паун

wɔwɔ

змија

dɛnkyɛm

крокодил

nnipa ɛhwɛ zoo so

чувар у зоолошком врту

nsuo mu gyata

туљан

sebɔ

јагуар

pɔnkɔ ba

пони

etwie

леопард

susuono

нилски коњ

kɔntenten

жирафа

ɔkɔdeɛ

орао

kɔkɔte

дивља свиња

apataa

риба

sudandan

корњача

walrus

морж

sakraman

лисица

ɔtwee

газела

Amerikafoɔ futbɔolo
амерички ногомет

skre twie
бициклизам

tennis
тенис

basketbɔolo
кошарка

nsuom adwareɛ
пливање

akutruku
бокс

asukɔkyea so hɔki
хокеј на леду

futbɔl
фудбал

badmintin
бадминтон

mirikatuo
атлетика

bɔɔlo a yɛde nsa bɔ
рукомет

skii
скијање

polo
поло

sere
смејати се

huri
скочити

bam
загрлити

nante
ићи

to dwom
певати

so daeɛ
сањати

bɔ mpaeɛ
молити се

fe ano
пољубити

twerɛ
писати

dwi
цртати

kyerɛ
показати

pia
гурати

ma
дати

fa
узети

nya

имати

yɛ

чинити

yɛ

бити

gyina

стојати

tu mirika

трчати

twe

повлачити

to

бацити

tɔ fam

падати

da hɔ

лежати

twɛn

чекати

soa

носити

tenase

седити

hyɛ ataadeɛ

облачити

da

спавати

nyane

пробудити се

hwɛ

гледати

su

плакати

san ho

миловати

nunum

чешљати

kasa

говорити

te aseɛ

разумети

bisa

питати

tie

слушати

nom

пити

didi

јести

yɛ nsiesie

поспремити

ɔdɔ

волети

noa

кухати

twi

возити

tu

летети

fa nsuo so

пловити

sese

рачунати

kenkan

читати

sua

учити

adwuma

радити

ware

венчати се

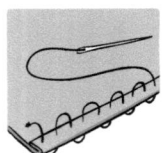

pam

шити

twitwiri wo se

прати зубе

kum

убити

nom gyot

пушити

mane

послати

nana baa
бака

nana barima
деда

papa
отац

maame
мајка

abɔdoma
беба

ba baa
кћерка

ba barima
син

ɔhɔhoɔ

гост

sewaa

тетка

wɔfa

ујак, стриц

nua barima

брат

nua baa

сестра

nipadua

тело

moma
чело
ani
око
abɛtire
раме
nsatea
прст
anim
лице
apantan
брада
nsa
рука
ɛnan
нога
nufoɔ
груди
nsa
рука

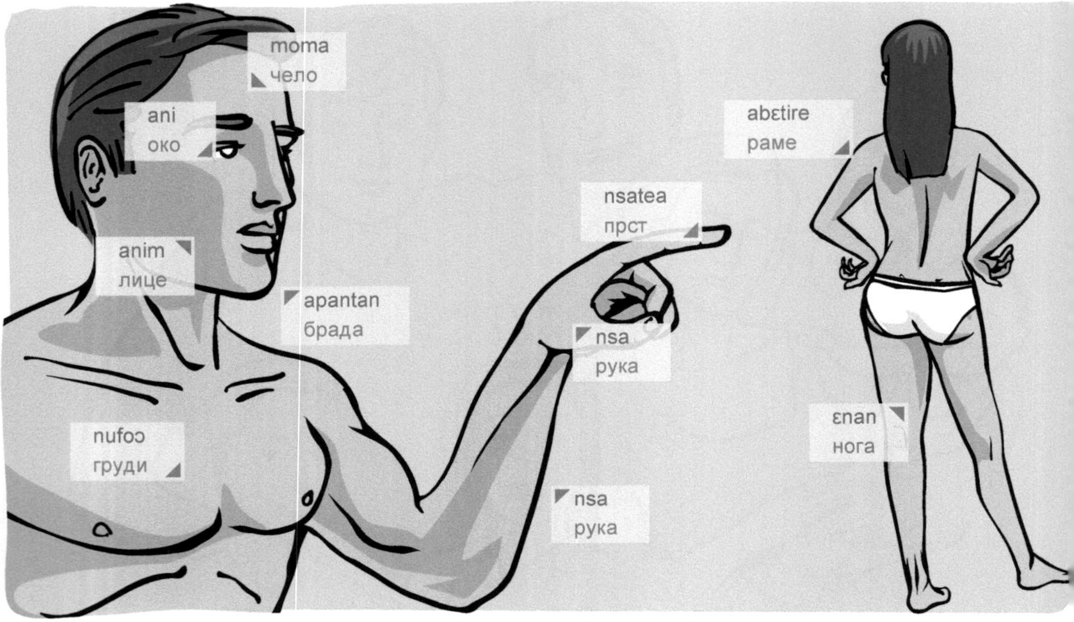

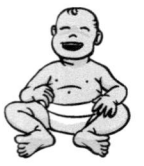

abɔdoma

беба

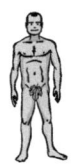

barima

мушкарац

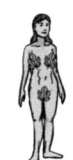

ɔbaa

жена

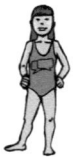

abayewa

девојчица

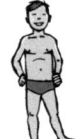

abarimawa

дечак

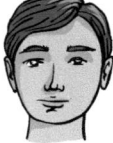

etire

глава

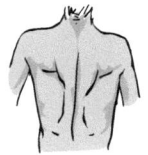

akyi

леђа

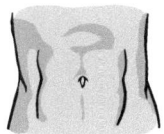

afrɔ

стомак

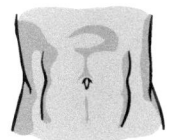

fruma

пупак

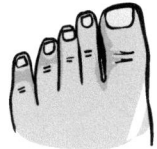

nansoa

ножни прст

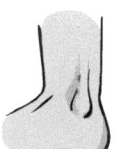

nantiri

пета

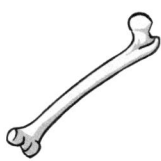

dompe

кост

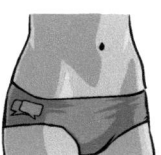

ataasɔ

кукови

kotodwə

колено

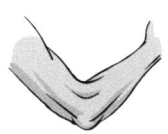

abatwɛ

лакат

ɛhwene

нос

ɛtoɔ

задњица

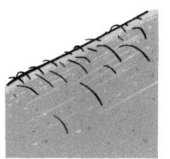

wedeɛ

кожа

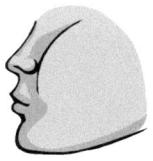

afono

образ

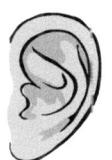

aso

уво

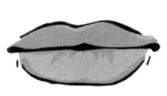

ano

усна

anom

уста

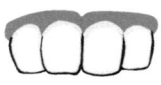

εsee

зуб

tɛkyerɛma

језик

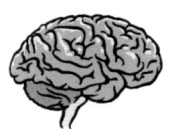

adwene

мозак

akoma

срце

ntini

мишић

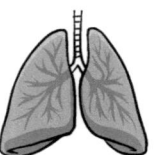

aharawa

плућа

brɛbɔɔ

јетра

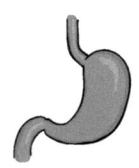

yafunu

желудац

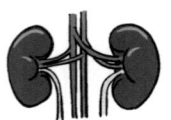

asaa

бубрези

nna

полни однос

kɔndɔm

кондом

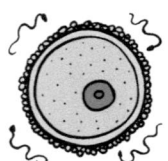

ɔbaa nkosua

јајна ћелија

barima ho nsuo

сперма

nyinsɛn

трудноћа

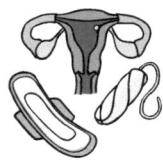

nsabuo

менструација

ɛtwɛ

вагина

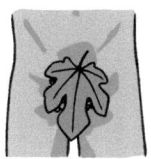

kɔteɛ

пенис

anintɔn

обрва

enwin

коса

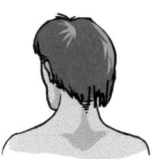

ɛkɔn

врат

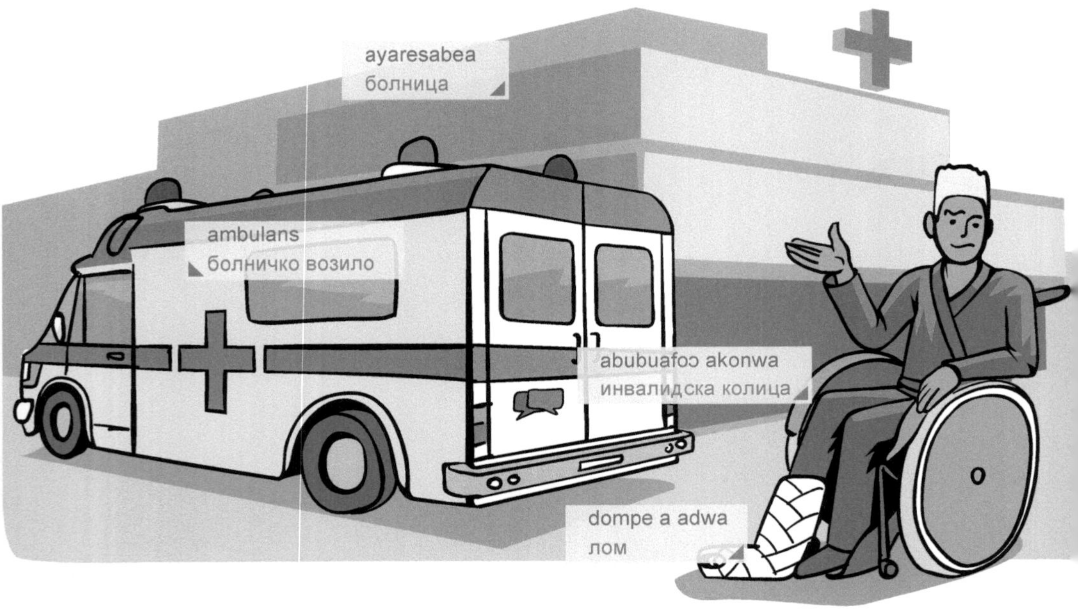

ayaresabea
болница

ayaresabea
болница
ambulans
болничко возило
abubuafoɔ akonwa
инвалидска колица
dompe a adwa
лом

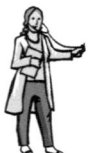

dɔkota

лекар

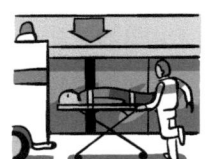

ɛdan a wɔde putupru nsɛm kɔmu

хитна медицинска служба

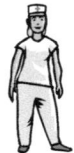

nɛɛse

медицинска сестра

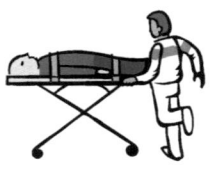

putupru

хитни случај

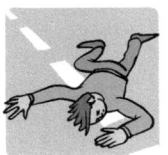

wɔ atwa ahwe

несвест

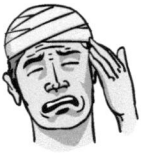

yea

бол

epira

повреда

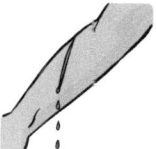

mogyaːuo

крварење

akoma yarenini

срчани удар

stroke yareɛ

удар

allegyi

алергија

ɛwa

кашаљ

ahoɔhyeɛ

грозница

papu

грипа

ayamtuo

пролив

tipaeɛ

главобоља

kokoram

рак

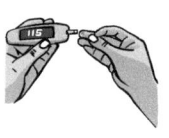

asikyire yareɛ

дијабетес

dɔkota a ɛyɛ oprehyɛn

хирург

skapɛl sekan

скалпел

aprehyɛn

операција

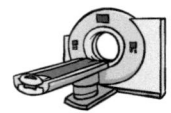

CT

цт

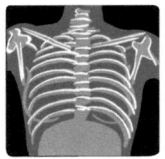

x-ray

рентген

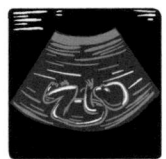

ultrasound

ултразвук

nkatanim

маска

yareɛ

болест

ɛdan a wɔ twɛn mu

чекаона

krɔhyes

штака

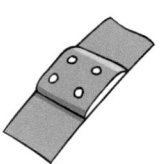

plasta

фластер

banege

завоj

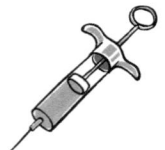

paneɛ

ињекциjа

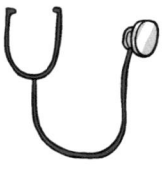

Stetoskop

стетоскоп

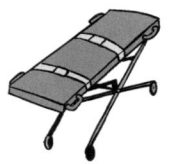

ahomankaa

носила

afidie a esusu ahoɔhyeɛ

термометар

awoɔ

рођење

kɛseɛ mmorosoɔ

прекомерна тежина

afidie a ɛboa asɛmtie

слушни апарат

aduro a ekum mmoawa

средство за дезинфекцију

yareɛ a mmoawa deba

инфекција

vaarɔs

вирус

HIV / AIDS

хив / аидс

aduro

медицина

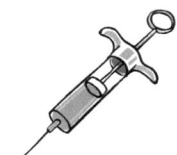

aduro a esi yareɛ ano

вакцинација

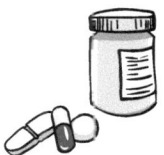

aduro tablɛte

таблете

topaeɛ

пилула

ɔfrɛ wɔ putupru so

хитни позив

afidie a esusu mogya mmrosoɔ

уређај за мерење притиска

yareɛ / apomuden

болесно / здраво

Boa me!

помоћ!

kɔkɔbɔ

аларм

ɛborɔ

насртај

ato ahyɛ obi so

напад

ɛyɛ hu

опасност

baabi a yɛfa de pue putupru so

излаз у случају нужде

Ogya!

пожар!

afidie a yɛde dumgya

противпожарни апарат

nkwanhyia

незгоца

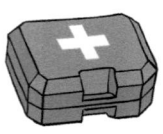

nneɛma yɛde sɔ yareɛ ano

кутија прве помоћи

SOS

сос

polisi

полиција

Yuropo

Европа

Amerika atifi

Северна Америка

Amerika ananfɔ

Јужна Америка

Abiberm

Африка

Asia

Азија

Australia

Аустралија

Atlantik

Атлантик

Pasifek

Пацифик

India po kɛseɛ

Индијски океан

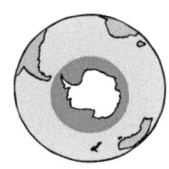

Antaatek po keseɛ

Антарктички океан

Aatek po kɛseɛ

Арктички океан

Ewiase atifi

Северни рол

Ewiase anaafoɔ
....
Јужни рол

Antaatek
....
Антарктик

Ewiase
....
земља

asaase
....
земља

ɛpo
....
море

supɔ
....
оток

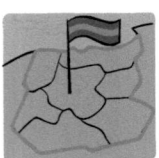

ɔman
....
нација

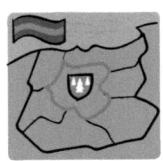

ɔman
....
држава

klɔko no anim

брojчаник сата

dɔnhwerɛ nsa no

сатна казаљка

sima nsa

минутна казаљка

anitɛtɛ nsa no

секундна казаљка

Abɔ sɛn?

Колико jɛ сати?

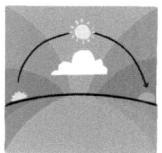

da

дан

berɛ

време

seeseiɛra

сада

wkye a nɔma wɔ so

дигитални сат

sima

минута

dɔnhwere

час

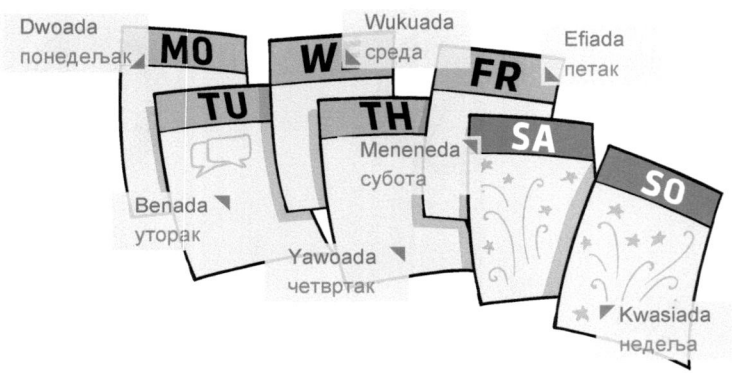

Dwoada
понедељак

Wukuada
среда

Efiada
петак

Benada
уторак

Meneneda
субота

Yawoada
четвртак

Kwasiada
недеља

εnora

jуче

εnora

данас

ɔkyina

сутра

anɔpa

jутро

prεmtobrε

подне

anwumerε

вече

MO	TU	WE	TH	FR	SA	SU
1	2	3	4	5	6	7
8	9	10	11	12	13	14
15	16	17	18	19	20	21
22	23	24	25	26	27	28
29	30	31	1	2	3	4

adwuma nna

радни дани

MO	TU	WE	TH	FR	SA	SU
1	2	3	4	5	6	7
8	9	10	11	12	13	14
15	16	17	18	19	20	21
22	23	24	25	26	27	28
29	30	31	1	2	3	4

nnawɔtwe awieε

викенд

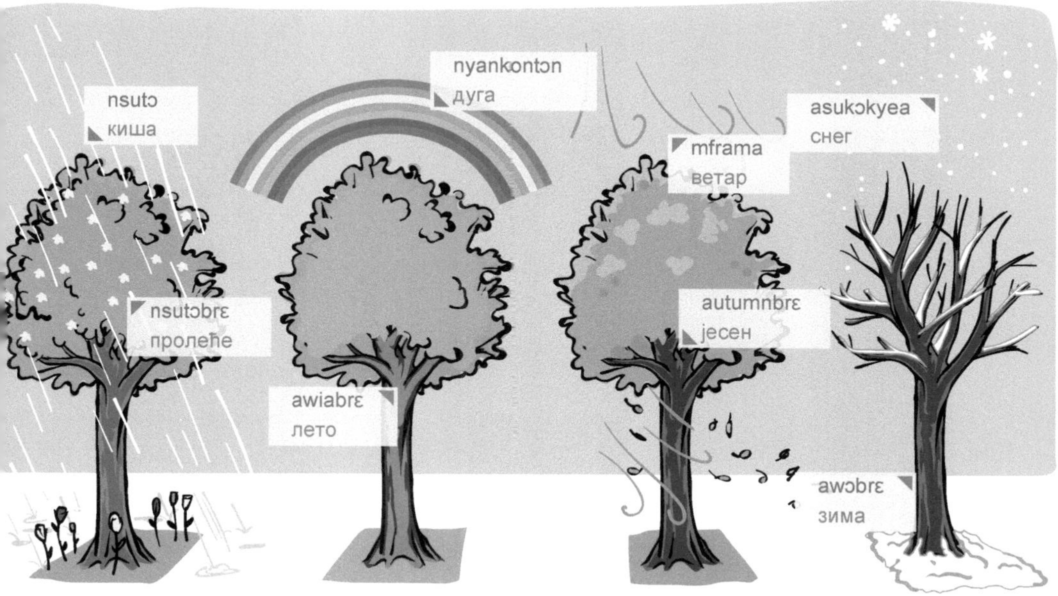

nsutɔ
киша

nyankontɔn
дуга

asukɔkyea
снег

mframa
ветар

nsutobrɛ
пролеће

autumnbrɛ
јесен

awiabrɛ
лето

awɔbrɛ
зима

4.APRIL	11°	☀
5.APRIL	4°	☁
6.APRIL	13°	☂
7.APRIL	8°	☀
8.APRIL	10°	☀

ewiem nsakrɛeɛ

метеоролошка прогноза

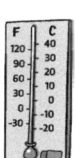

afidie a esusu ade ho hyeɛ

....
термометар

awiabɔ

сунчана светлост

munukum
....
облак

ɛbɔ
....
магла

ewiem nsuo
....
влажност ваздуха

ayerɛmo

муња

apranaa

грмљавина

ehum

олуја

asukɔkyea

туча

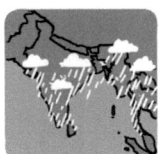

monsoonbrɛ

монсун

nsuyiri

поплава

aise

лед

ɔpɛpɔn

јануар

ɔgyefoɔ

фебруар

ɔbɛnem

март

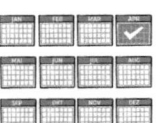

Oforisuo

април

Kotonimaa

мај

Ayɛwohomumu

јуни

Kitawonsa

јули

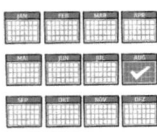

ɔsanaa

август

Ɛbɔ
....
септембар

Ahinime
....
октобар

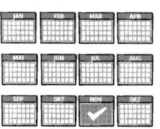

Obubuo
....
новембар

ɔpɛnimaa
....
децембар

abosuo
облици

kanko
....
круг

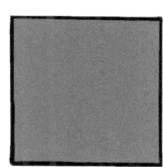

sokwɛɛ
....
квадрат

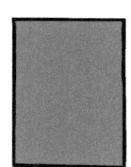

rɛktangel
....
правоугао

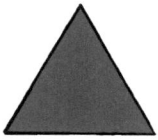

triangel
....
троугао

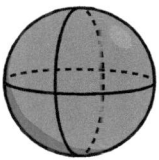

krukruwa
....
кугла

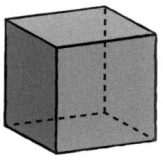

adaka
....
коцка

fitaa

бела

akokɔ sradeɛ

жута

ankaa

наранџаста

pink

ружичаста

kɔkɔɔ

црвена

pɛpol

љубичаста

bruu

плава

ahaban mono

зелена

braun

смеђа

nson

сива

tuntum

црна

pii / ketewa

много / мало

wo boafu / wɔ adwo

љутито / мирно

ɛyɛ fɛ / ɛyɛ tan

лепо / ружно

ahyɛseɛ / awieɛ

почетак / крај

kɛseɛ / esua

велико / малено

ɛha / esum

светло / тамно

nuabarima / nuabaa

брат / сестра

ɛho te / ayɛ fin

чисто / прљаво

awie / enwieɛ

потпуно / непотпуно

awia / anadwo

дан / ноћ

awu / ɛte ɑse

мртво / живо

emubae / ɛyɛ tea

широко / уско

yɛde /yɛnni
јестиво / нејестиво

bɔne / tema
зло / добро

wɔ aniagye / wɔ ani nka
узбуђено / досадно

ɔso / teatea
дебело / мршаво

edikan / etwatoɔ
на почетку / на крају

adamfoɔ / atamfo
пријатељ / непријатељ

ayɛ mma / hwee nim
пуно / празно

ɛdenden / mmerɛ mmerɛ
тврдо / мекано

ɛyɛ duru / ɛyɛ ha
тешко / лагано

ɛkɔm / nsukɔm
глад / жеђ

yareɛ / apomuden
болесно / здраво

etia mmara / ɛwɔ mmara mu
илегално / легално

nyansa / gyimi
паметно / глупо

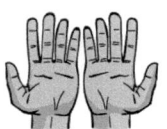

benkum / nifa
лево / десно

ɛbɛn / akyire
близу / далеко

foforɔ / dada

ново / половно

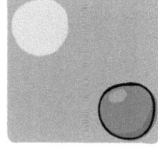

hwee / biribi

ништа / нешто

wɔ anyini/ ɔsua

старо / младо

sɔ /dum

укључено / искључено

bue / tom

отворено / затворено

dinn / dede

тихо / гласно

ɔdefoɔ / ohia

богато / сиромашно

nifa / benkum

тачно / погрешно

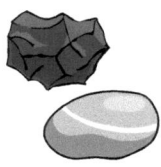

werewerɛwerewerɛ / trontron

храпаво / глатко

awerɛhoɔ / anigyeɛ

тужно / сретно

tietia / tenten

кратко / дуго

nyaa / ntɛm

полако / брзо

afɔ / awɔ

мокро / сухо

dedɛɛdeɛɛ / adwo

топло / хладно

akoo / asomdweɛ

рат / мир

0

hwee

нула

1

baako

један

2

mienu

два

3

meɛnsa

три

4

ɛnan

четири

5

enum

пет

6

nsia

шест

7

nson

седам

8

nwɔtwe

осам

9

nkron

девет

10

edu

десет

11

du-baako

једанаест

12
du-mienu

дванаест

13
du-mɛɛ nsa

тринаест

14
du-nan

четрнаест

15
du-num

петнаест

16
du-nsia

шестнаест

17
de-nson

седамнаест

18
du-nwɔtwe

осамнаест

19
du-nkrɔn

деветнаест

20
aduonu

двадесет

100
ɔha

стотину

1.000
apem

хиљаду

1.000.000
ɔpepem

милион

Brɔfo

енглески

Amerikafoɔ Brɔfo

амерички енглески

Chainfoɔ Mandarin

мандарински кинески

Hindi

хиндски

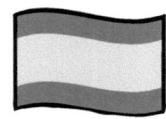

Spainfoɔ kasa

шпански

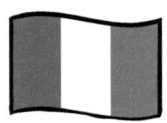

French kasa

француски

Arabia kasa

арапски

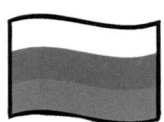

Russianfoɔ kasa

руски

Portugalfoɔ kasa

португалски

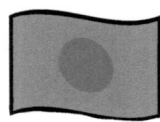

Bengali

бенгалски

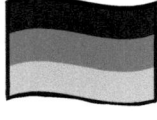

Germanfoɔ kasa

немачки

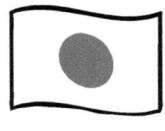

Japanfoɔ kasa

јапански

Me

ja

wo

тν

ono

он / она / оно

yɛn

ми

wc

ви

ɔmmo

они

hwan?

Ко?

deɛ bɛn?

Шта?

ɛyɛ deɛn?

Како?

ehen?

Где?

dabɛn?

Када?

edin

име

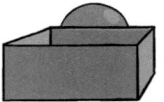

akyire

иза

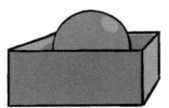

emu

у

anim

испред

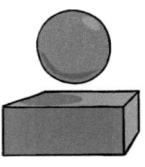

ɛsoro

преко

ɛso

на

asɛɛ

испод

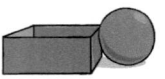

nkyɛn

поред

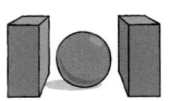

ntɛm

између

beaɛ

место